SUMÁRIO

PREFÁCIO

POR, ROBERTA ES-TRELA D'ALVA

Atriz-Mc, diretora e pesquisadora. É idealizadora do ZAP! primeiro slam de poesias do Brasil, coordenadora geral do SLAM SP e do SLAM BR.

VOZES LÚCIDAS EM TEMPOS DE URGÊNCIA.

Escrevo esta introdução em meio a uma pandemia: COVID-19. Completamos hoje um mês de confinamento e ainda não vislumbramos se quando esse livro for publicado, o período de quarentena terá acabado.

Em meio a este assunto onipresente, e a toda movimentação em torno da "novidade", doenças crônicas preexistentes em nosso país - racismo, feminicídio, homofobia, LGBTQIA+fobia, o genocídio indígena, o descaso com a periferia, o desrespeito aos direitos de trabalhadores e trabalhadoras e todas as mazelas provenientes do colonialismo - proliferam sob o comando de um governo omisso e genocida.

Diante de um cenário tão nefasto, surgem aqui e ali fachos de luz que nos trazem um certo alento. Como prova do crescimento da força jovem e criticamente ativa no país, este ano um número recorde de inscrições foram realizadas para o Slam de Poesias Interescolar– campeonato de poesia falada organizado pelo coletivo Slam da Guilhermina, que reúne alunos e alunas representantes de escolas do estado de São Paulo. Desde 2015 este campeonato vem sendo realizado e hoje já conta com edições nacionais com representantes de campeonatos interescolares de outros estados como Minas Gerais, Rio de Janeiro, Espírito Santo e Mato Grosso.

Mesmo com a incerteza da possibilidade de realização do evento ainda este ano, nos alegramos com essa grande adesão, pois o que presenciamos em eventos como esse, é uma resposta direta, criativa e luminosa a estes tempos sombrios, vinda de uma juventude que traz em si a força do novo com performances necessárias e urgentes. É contra a morte, o apagamento e a invisibilidade, a partir de memórias e experiências pessoais que escrevem e falam. Pois sim, há de se ter em vista que esses são poemas feitos pra serem falados, e é na roda dos slams que são animados por vozes diversas. Portanto são mais do que palavras, são a VOZ dessa juventude. E para além de seu valor acústico, a VOZ traz consigo uma entidade, um ser, suas experiências, memórias e ancestralidades, narrando a luta de seu povo entre derrotas e êxitos.

E ESTE LIVRO NOS CONTA SOBRE UM ÊXITO!

A existência desses e dessas jovens é um sopro de renovação em nossas faces diante da tentativa de apagamento, é a recusa à morte, e mais que resistência, o testemunho e o registro dessas existências e a poética produzida e partilhada por elas. Jovens poetas que deixam aqui registrados em suas palavras um retrato do que é o Brasil hoje, narrado em primeira pessoa por quem vive na pele a violência, cria estratégias de sobrevivência e faz da impossibilidade, a própria possibilidade de ser e de interagir vivamente com um mundo que os/as quer em silêncio.

Wandim, Icaro, Jow, Sarah, João Pedro, Marina, Thalita, Francielly, Matheus, Nicole, Eve, Heitor, Darla e Lucas, tão jovens e que já viveram tanto, aqui representam muitos e muitas que por esse Brasil afora encontraram na poesia sua maneira de existir, com ajuda e a ação político-poética de professoras guerreiras, que também encontraram no slam uma ferramenta para reconectar jovens e crianças à poesia além de uma forma de lutar contra o desmanche do ensino e o embrutecimento planejado de mentes e corações.

VIDA LONGA AOS JOVENS GUERREIROS E AS JOVENS GUERREIRAS DA POESIA! #VAISLAM!

- PASSO A PASSO
- TIC TAC

LUCAS KOKA

foto: Sergio Silva

PASSO A PASSO

CAMINHEI

Por cacos de vidro
em meio ao lixo
na ponta de um precipício

ANDEI

Na rota do vício
em meio ao luxo
focando em suicídio

VOLTEI

A maior luta da kebrada
é contra os prantos
ser mais forte que os
enquadros no escuro
nos cantos

DESACERTOS SÃO TANTOS O MAIS PROVÁVEL É O BANZO PRA EVITAR SER SOLITÁRIO EU CANTO

Não sou errado
mas confesso não ser santo
mas se é sexta-feira
tá eu vestido de branco

Ao tocar da timba eu danço
se é capoeira na ginga balanço
não confunda minha alegria
sem hipocrisia
não é por que o Leão sorri
que ele é manso

Silenciaram até minhas lembranças
chamaram de francesas minhas tranças
o sinhô ainda é branco

Minha mãe ainda cuida das crianças
transformaram em comercial o lamento do samba

**DESSA JOGADA EU PASSO
NÃO QUERO MAIS DAR NEM UM
PASSO
PASSANDO POR AQUI,
SÓ PRA AVISAR QUANDO
QUE LÁ É CHATO {BIS}**

Da ponte pra lá
ninguém entende meus poemas
o que eu vejo como revolução
os cuzão vê como problema

Vejo dedos apontados
esse preto é vendido tá maluco
isso é discurso do opressor até porque
preto num é produto

Se vota num representante
que não representa nada
e quando vai representar
já não volta mais pra kebrada

MAIS VÁRIOS VÃO ME DIZER
QUE EU FALEI NADA COM
NADA
MAS QUIETO NÃO VOU FICAR
E SE A PORTA TÁ FECHADA
USO DE CHAVE
MINHAS PALAVRAS...

TIC TAC
TIC TAC

Tempo
não o fim dele
mas o começo

`porque parece que ainda`
`não saímos do lugar`

Parece que a roda ainda é quadrada
internet ainda é discada
que a vida é uma estrada
que não leva a nenhum lugar

Eu só estive pensando que
quem muito pensa
fica louco

MAS QUANDO PENSO
LOGO EXISTO

então deixa eu pensar um pouco
sobre a loucura de existir

É que há pouco refleti que a loucura
é relativa e quando se fala de vida
o mais provável é desistir?
E qual a probabilidade de ser são
e ser feliz sendo que nada do que faço
era normal há 20 anos?

Ou eu tô ficando louco
ou tá rolando um mau presságio
presidente é Pilatos
e os soldados são romanos

Mas falando de herança
pensei "direito" sobre a fé
e indico pra que o moço

SE VIER, QUE VENHA ARMADO
QUE JÁ VENHA PREPARADO

e pra ele tomar cuidado
se puder traz álcool em gel
e que esteja mascarado

A POESIA
SONHO E LUTA

ÍCARO RENAULT

foto: Beth Freitas

A POESIA

Eu me lembro dos tempos
de criança...
Ser poeta nem vinha a
ser um sonho,
Nem passava pela minha
cabeça.
Meus amigos me achavam
estranho,
Porque sem compromisso e sem
ser um pai João
Eu gostava de ouvir Geraldo
Pereira.

Cresci, e vi que a realidade
Não é igual à de uma criança,
Mas sei que com papel e caneta
Posso trazer esperança
Para o mundo ser melhor,
É só sair do meu caminho
Igual fazia Belchior.

Caso não saia, tudo bem.
Com alegria, alegria,
Transformando espaçonaves em guerrilhas,
Vou lutar nas ruas
Com minhas poesias

Tentar levar 100 mil comigo
Como fez Caetano Veloso.
Junto com poetas trilhar o destino da nação
Pra resolver essas merdas,
Pois o melhor só virá com revolução.

Porque vocês são a podridão
Tão precisando me ouvir
Apoiaram a escravidão
Elegeram um sarcozy
Como já dizia Froid
Então nos meus versos você não se mete,
Pois não se espante
Se daqui a alguns anos o mundo for um grande
"The Walking Dead"

Então, “deixe-me ir,
Preciso andar,
Vou por aí
A procurar”
Tipo Laura Conceição
No bate papo UOL,
Mas espera!
Não dá pra discutir com quem
Acha que Cartola é um site de Futebol.

Ando sempre à esquerda, à esquerda.
Tô com planos futuristas
Igual Maiakovski de desprezar solenidade
E mostrar a luta da classe operária para todas as idades
Ainda que bem remunerado,
Ou trabalhando como escravo,
Pois faço poesia para todos,
Mas sou poeta do proletariado.

Minha Resistência é na rua
Sem ter medo de morrer
Vendo os meus *zines*,
FAÇO MEU TRABALHO,
Preciso consumir para sobreviver,
Mas detesto o consumismo,

Pois assim como João Paiva
Não *tô* a fim de ser cupim do capitalismo
Vou me inspirar em Mano Brown
Pra te mostrar
Que a vida é *loka*,
E ela se divide em várias partes,
Desde a morte até a maternidade.
E se você não for forte,
E dele não vai descer o seu comandante
Dizendo mudei de idéia,
Pois suas ideias não coincidem com o ideal.
Se você não se esconder nessa enorme euforia,
Pois como já disse Chico
Apesar de você amanhã há de ser outro dia.

Minha poesia é de luta!

Olha que eu queria
Ser romântico como Vinicius de Moraes,
Mas tenho que lutar para me expressar como Paulo Leminski,
E avisar pra quem acha poesia brincadeira
Que os poetas que eles chamam de vagabundos
Já dominaram o Brasil
Daqui a pouco, vão dominar o mundo.

SONHO E LUTA

Eu sou poeta
Cheguei até aqui
Porque acreditei no meu sonho
Sigo minha virtude
E mostro nas minhas linhas
O poder que tem...
O poder que tem a juventude.

Quero deixar bem claro - não falo português, doutor!
Falo brasileiro,
Não falo a língua de colonizador
Eu expresso nos meus versos
A língua de um povo guerreiro.

Que desde o berço da sua história
Sofre com explorações
Seja ela psíquica, física, social ou natural
Que até hoje não tem final,
Pois vemos mulheres estupradas,
crianças em depressão alienadas
E empresas cometendo crime ambiental.

Afinal, estudemos o passado
Para não cometermos os mesmos erros do futuro
Preste atenção no que viu
Para que, depois de um tempo,
Você não seja mais um desatento
Acreditando que provas são *fake news.*

ABRA SEU OLHO
SENÃO, SERÁ ENGOLIDO
GUARDE SEU CELULAR
E COMECE A LER UM LIVRO.

Sonho e luta
Nessas palavras que trilho meu caminho
Devagarinho...
A poesia me ensinou sua virtude
Pois para fazer parte dela
Acima de tudo tem que ter atitude.

Porque é fácil ouvir Froid, Djonga
O difícil é interpretar
Tô vendo uns adolescentes acima da conta
Falando que é do *Hip Hop*
Mas idolatra militar.

Militar, militar...
Isso que vou fazer
Militar, lutar por um país mais digno
Pois esse é meu lema –

Militar, sonhar
Para um dia acordar cedo
E acordar cedo ser o pior dos problemas.
Pois, hoje em dia, isso é utopia
Tô vendo menina de quinze anos fazendo regime
Obrigada pela família.

O conservadorismo me assusta
O mundo está medonho
Daqui a pouco, eles *tão*
proibindo sonho,
E não é de padaria.

Querem fechar nossas mentes
Mas não *to* nem aí
Eu vou lutar, sempre, e não vou obedecer
Quem quer me sucumbir.

Eu vou é escrever
Nas minhas linhas
Quero elevar a auto-estima das
pessoas,
Isso está na minha essência
E só um aviso:
A área que você escolhe
Não define sua inteligência.

Cada um tem sua qualidade
Cada um tem sua habilidade

VALORIZE-SE!

Cada um tem seu poder
Por isso, jovem, reflita sobre qual arma
Você quer ter
Porque para isso não passo pano
Não é só ser preconceituoso
É ir contra Direitos Humanos

Pois enquanto eu recito esta poesia
Morre mais um talento
Lá, na periferia
Vítima da sociedade que o chama de marginal,
Marginal são meus poemas

Tá faltando interpretação

PRESTE ATENÇÃO,

Não pegue recuperação,

Mude essa questão,

Pois a juventude não é o problema

`Nós somos a solução!`

. EXÚ NAS ESCOLAS
. NA FALTA DE TINTA

THALITA FREITAS

foto: Sergio Silva

EXÚ NAS ESCOLAS

Sou Exú nas escolas como
Elza cantou,
e também tô com fome
da merenda desviada à
solução de problemas
que já sabemos o nome
da falta de manutenção à falta
de estrutura

Nossos prédios não são as únicas coisas
que precisam de cura
desde pequenos viramos máquinas copiadoras
e nossas crianças crescem achando que são burras
por não entenderem as professoras

MAS AMÉM!
À sua disciplina
em nome do pai, do professor, do coordenador
E DA DIRETORIA!
Salve a pátria amada
e as aulas vagas que temos quase todo dia!

Um sistema que cria e procria estatísticas
não se importa com a educação
passamos anos na escola e eles parecem ser em vão
o problema é da estrutura
nossos jovens trabalham,
buscam grana pro pão,
um pouco de diversão
e pesa
crescemos sem aprender a ter metas

E como cês querem que eu pense em estudar?
esse papo de faculdade, ENEM, vestibular....

peraê, tenho minhas contas
pra pagar!
aliás, hoje eu nem comi, essa
noite eu nem dormi
e eu até quero fazer
faculdade
mas no corre-corre do dia-a-
dia
eu só peço um pouco de
sanidade

Pessoas da minha idade
não deveriam se preocupar tanto
mas eu chego em casa vejo minha mãe aos prantos,
porque não tem dinheiro pro aluguel
mas tá tudo bem,
já me disseram que a situação
tá mesmo cruel

É que lá no condomínio da minha professora,
as pessoas não tem mais dinheiro pra carro do ano e...

MANO, CÊ TÁ ME TIRANDO?

Nossas crianças passam fome
e vocês dão risada de quem
vai pra escola pela merenda

Não tão aprendendo nem com a realidade
dão aula pra menor de baixa renda
e quer comparar as possibilidades
com as de filho de papai que estuda
no centro da cidade

É FODA!

Seu conceito de meritocracia incomoda
quem tá acostumado a carregar o mundo nas costas
sua educação que não emancipa
é a mesma que passa pano pra marmanjo
que é professor

**MAS TÁ PEGANDO ALUNA
MENOR DE 18 ANOS**

E pra racismo dentro da sala de aula
Eu tô vendo sua homofobia escancarada
E a sua piada com depressão
só mostra que cê não entendeu nada
**É QUE NO BRASIL, O JOVEM NÃO É
LEVADO A SÉRIO**
E não tem mistério

`Escolas parecem presídios`
`e vivemos em regime`
`semiaberto`

Mas as portas não se abrem
Nem as da mente, nem as das faculdades

NOSSOS LIVROS DE HISTÓRIA SÓ CONTAM METADE DA VERDADE

A verdade do colonizador é aquela que diz
que Princesa Isabel foi um anjo salvador
a abolição que nunca passou de teoria
também não libertou a mente dos pretos

já passaram tantos anos
e cês ainda não entenderam que o Egito é negro

sua educação foi feita pra
controlar o gueto

MAS COMIGO NÃO TEVE ESSE EFEITO

Eu sou aquela aluna que não copiou o
seu texto
meus mestres também tão na rua, na

música,
na arte Thiago Elniño cantou e eu tô
de acordo

não quero mais estudar na sua
escola
que não conta a minha
história

e na verdade, me mata por dentro
Nois tamo aqui e é pra causar
movimento
entender que a escola é nossa
aprender com os alunos que contra a
reorganização ocuparam as escolas
e... caso cês queiram saber quem eu
sou,
sou uma dessas crianças subversivas

Que entendeu que escreve a própria vida
e que é preciso ser resistência nas escolas
porque todo dia

quando meu corpo de mulher
preta e sapatão
entra em sala de aula

EU SOU LUTA E POESIA

NA FALTA DE TINTA

Na falta de tinta pras
paredes da escola
Nois rola tinta de
caneta pelo papel
Texto após texto tipo
linha em carretel
De pipa

Do menino que brinca na rua
Do menino que brinca de rua
De andança, de corre
O voo de um avião, que roda
Roda na mão da pm
As notícias rodam
Mas nunca chegam onde tinham que chegar
E ninguém tá entendendo nada
Nem os textos no caderno
Nem os professor que cês chama de surtado
Nem as graças do menino preto, marginalizado

O tal do bandido bom,
mas que apoia o Bolsonaro
Na moral, cês sabem oq tá rolando?
O passe livre cortado

Nada mais é que cortar as pernas dos ditos "favelados"
Pra que não tenham acesso a cultura, lazer, informação
Pra que não ocupemos a cidade que é nossa por direito
Mas o boy, o boy passeia com o cachorro toy pela paulista
Bota a mão no peito e canta o hino nacional
Diz ele que é patriota, pelo orgulho nacional, a tal da família tradicional
Mas pera, tradicional de onde?

É AQUELA QUE CONTA COM MARIDO, MULHER, FILHO E AMANTE?

Ou a do tempo de colônia, construída
com o estupro da mulher negra?
A tal da miscigenação que aconteceu
nas lágrimas de gente preta
Essa mesma que é marginal

Aquela mesma do batuque,
samba, pagode e axé
Que já foram até crime, como
tentaram fazer com o funk

E enquanto tentam proibir baile
Facilitam o trabalho escravo
Aposentadoria foi pro ralo
O ensino tá precário
Até museu eles censuraram
Mas quem abusa no busão, foi liberado

E pra pobre eles querem
dar ração
Era o Aécio que tinha um
helicóptero de cocaína
Mas é o moleque portando
consumo que vai
pra prisão?

Ao invés de ocupar a cadeia
Quero é ver os nossos ocupando a cidade
Os prédios, avenidas, universidades
Usar nossos espaços pra falar de política, respeito e diversidade
E enquanto nos negarem saúde, emprego e educação
Nois leva cultura pra quebrada, pra transformar música, arte e
poesia falada

Em r e v o l u ç ã o.

. AMA- ZONAS
. EU NÃO QUERIA

foto: Sergio Silva

AMA-ZONAS

Vocês me machucam o tempo todo,
vocês exploram cada parte que foi feita do meu ser,
em busca de quê?
e o porquê?
Vocês arrancaram minhas raízes
mais profundas,

do fundo,
o fundo,
do fundo,
o fundo,
do a- mar...

VOCÊS INVADIRAM MEU LAR,
não pediram licença para
entrar,
quiseram me colonizar.

Eu nasci Pindorama,
eu nasci há muito tempo,
não comecei a minha vida em 1500,
só para te informar!

Sou frutífera para o meu povo,
que luta todos os dias para sobreviver,
o que só sobra é viver.

MAS...
VOCÊS VIOLENTARAM,
ESCRAVIZARAM,
TORTURARAM,
foi morte atrás de morte.
Romantizam meu sofrimento nos livros de história,
e ainda viro chacota pra Europa!

Do que adianta colocar a camiseta verde & amarela e
bater no peito?
se o amarelo e o verde estão do avesso?
se o amarelo e o verde estão defendendo a intervenção militar?

A pátria armada, nunca
foi amada
sempre foi desordem
e regresso.

Por que nas minhas estatísticas só mostram horror?
se o amor é o princípio, a ordem é dor?

Nas margens gritou independência ou morte,
anos passados eu morri,
e esse ano morro de novo.

Moro não morou no meu morro,

PRA SABER QUE POLÍCIA MATA
ATÉ OS NOVO, MORÔ?

VOCÊS ASSASSINARAM,

mataram e matam até hoje meus mora- dores!

Não sou ovo frito pra atacar óleo no meu mar,
e muito menos sou reserva de petróleo pra doar.

Vocês colocaram suas mãos sujas de sangue sobre minha boca,
dizendo que era
vermelho do amor

e eu a confiei,
até porque pode ser do batom,
mas não,
a inocência era maior do que
a minha divergência.

O medo soava mais do que a minha persistência,
meu coração disparava,
e aos meus pensamentos, eu gritava:
"Para, por favor!"
mas você nunca parava.

Nasceu a tal da linda miscigenação...
meu corpo é desigual,
meu sofrimento é real,
mas que amor é esse?
que me possui sempre querendo algo em troca,
que me vende para a Europa.

Vocês arrancam as minhas pétalas,
destroem as minhas flores,
e pagam de hippie na internet,
postando frase "que paz e amor é a solução de tudo, e cultivar flores é a solução do mundo."

Que amor é esse?
que me trai por dinheiro,
que não cuida,
não me cura.
Que amor é esse?
taca fogo em mim, e depois vem pedir desculpas.

Que amor é esse?
que quer o meu bem,
mas vota em 17, querendo o meu mal,
e no meu aniversário me presenteia com armas!?

Eu virei piada no mundo,
Bolsonaro,
Bozonaro para de fazer palhaçada,
talvez essa piada não tenha graça.

Que amor é esse?
que mata na mata,
me maltrata,
me vende!

Fauna e Flora se separaram,
eu estou pegando fogo,

**E DESTA VEZ NÃO É DE PAIXÃO,
EU ESTOU MORRENDO AOS
POUCOS,
(FALTA DE AR)
SOCORRO!**

EU NÃO QUERIA

Eu não queria,
eu não queria ter que
expressar na minha
poesia pra dizer o
quanto o mundo é ânsia.

E todo vômito que provoca no meu estômago são substâncias de
arrogância
bacteriana ou viral,
sua incoerência e descaso com todo povo brasileiro me causa intoxica-
ção alimentar,
enjoo e mal estar.

Talvez porque eu comi pizza portuguesa na colonial,
e lembro que nos livros de história dizem que quem descobriu o
Brasil foi Pedro Álvares Cabral.

**EU NÃO QUERIA DIZER QUE
LIMPARAM TRATADO DE
TORDESILHAS NO MEU PRATO
COM ÁGUAS DA AMAZÔNIA,**

Eu não queria dizer que cara ou coroa tem origem na antiga moeda portuguesa
e sempre quem pede esmola no farol,
torce pra coroa não morrer de fome com dor de cabeça.

Eu não queria aprender na escola que os tratados foram dados limites para as colônias sul-americanas,
porque as disputas entre Portugal e Espanha eram recheadas de heroísmo e patriotismo,

MAMARAM NO PEITO DA MÃE PRETA
ALIMENTANDO CARNE BRANCA.

Enquanto faziam disputas,
muitas chamadas como putas
se matavam porque os "tais
senhores" a estupravam

e com tudo isso, ainda existe a fala que aborto é pecado,
no mundo que quem mais aborta é homem que anda com bíblia embaixo dos braços.

Eu não queria ter que usar os meus versos pra você pensar que,
"coitada, ela precisa desabafar, não tem ninguém pra se lamentar
oh meu deus George ela faz poesia marginal, ela é pobre, uau"
(voz do Whindersson Nunes)

Eu não queria ter que gastar minha saliva pra dizer mais uma vez
que não existe racismo reverso,
sua vida branca não é livro de mangá que você justifica os meios
sempre no controverso.
Eu não queria dizer que concordo com Gregório de Matos,
que Brasil é a boca do inferno
TÃO QUEIMANDO PANTANAL
e tirando foto com as nota de 200
mas na primeira oportunidade mata os lobo-guará tomando
guaraná

(passando mal)
segura meu cabelo ainda porque eu
preciso vomitar mais...

Eu não queria ter que lembrar
que a família Bolsonaro tem
envolvimento com a
morte de Marielle

Eu não queria informar que a
bala perdida nos baile sempre
é encontrada nos muleke

Eu não queria afirmar que você idolatra a CBF,
mas parece que sempre pobres bolsonaristas quando vão protestar
vestem a camiseta verde e amarela,
e batem no peito que PT estragou suas vidas

**ENQUANTO O POLÍTICO QUE
VOCÊS VOTARAM QUEREM TIRAR
O BOLSA FAMÍLIA.**

Na política a bancada evangélica idolatra a bíblia,
mal sabem que Jesus foi preto pobre e o maior comunista.

Eu não queria ter que terminar
esta poesia vomitando tudo
que o sinto
acontece que fiquei mais doente
em saber que a desgraça do
mundo é um labirinto.

COLEÇÃO SLAM

. DE LÁ PRA CÁ
. MANIPULAÇÃO

foto: Renata Armelin

DE LÁ PRA CÁ

O mal veio de caravela
com sobrenome Cabral
diretamente da Europa
vulgo: Portugal
Trazendo armas e fardas
convertendo e matando,
isso vêm acontecendo há
mais de 500 anos

Escravizando nosso povo, toda uma nação
prefeito burguês querendo trocar merenda por ração
E a mesma arma que mata é a mesma que converte, a mídia manipula pra vocês "jogarem" confete

Então confere, o caráter nos caracteres, somos erro 404 no programa desses vermes
Programa matrix, mão de ferro de Dom Pedro, mensagens subliminares nas rimas que eu escrevo

Fica atento no talento de quem sempre foi atrasado, visão do terceiro mundo dividido por estados
Estatuto fracassado, estamos vivendo no filme "De Volta Pro Futuro" ou estamos revivendo o passado?

E VIERAM CAUSANDO DANOS
POR DEBAIXO DO PANO, GUERRA
INFINITA SEM "THANOS"
NO MAPA NÃO TINHA OPÇÃO DE
SEGUNDO PLANO
E MINHA MISSÃO É COMPARAR O
"CLÁSSICO DO CONTEMPORÂNEO"

Mas não se confunda! Referência sem progressão aritmética
"Cronos" picotado nessa letra, nessa métrica
Minhas ideias são na reta atravessando as cruzadas, alcançando e afetando as capitanias hereditárias

E eu escrevi uma carta descrevendo a chegada de GR no topo, geração elevada, como fez Pero Vaz
Mas eu não sou de "Caminha" leia só minha carta e veja só meu caminho

COLEÇÃO SLAM

MANIPU-
LAÇÃO

ATENÇÃO!
ATENÇÃO!
ATENÇÃO!

Na televisão só passa mofina, notícia desdita. Injetando "morfina", tentando alienar as famílias. Que fita!

Então se liga!
Abre o olho e abre a porta, olhe pra fora, o mundo não está do jeito que os índios gostam.
Estão fudendo a Fauna e a Flora e isso... a porra da Globo não mostra.

Seguem transmitindo drama sem ficção, realidade nossa, vira entretenimento pra burgueses, senhores e senhoras.
Então senhoras e senhores prestem atenção e foca:

Professor salva vidas de crianças em escola e você acha mesmo que o herói do Brasil é aquele que chuta uma bola?!
Responde ae... Ou melhor se responda!

E se a vida virou um jogo eu entrei logo de sola, marcando gol de letra, drible lindo com a caneta. E o mais lindo de tudo é que eu formei logo um poema.

E MINHAS POESIAS NÃO TEM CENSURA NEM DISTORÇÃO, PORQUE SE TIVESSEM SE CHAMARIA "TELEVISÃO".

E enquanto estão marcando amigos pra dar UP em publicação, meus amigos estão na maca do UPA em estado de vegetação. Deixa eu lembrar que hashtag "mundo melhor" não vai salvar o planeta terra dessa guerra indireta.

Então sinta. Sinta o que eu
sinto.
Sinta o sentimento abstrato
em cada caligrafia...
E viva, viva e faça
muitas poesias!

- CULTURA DO ESTUPRO
- NÃO ME VENHA COM SEU ASSÉDIO

SARAH MORAIS

foto: Sergio Silva

CULTURA DO ESTUPRO

Ana, 22 anos, deu um
beijo em sua mãe e
saiu cedo de manhã pra
trabalhar
"Vai com Deus minha filha"

Virando a esquina ela foi agarrada e violentada por um verme nojento
"Fica quietinha vai demorar só alguns minutinhos, minha lindinha"
Júlia, 16 anos, estava voltando da escola quando foi sequestrada e
estuprada

MAIS UMA MULHER VIOLENTADA

"Também né, quem mandou andar sozinha? Aposto q estava
com uma roupa bem curtinha"
Juliana, 13 anos, foi tomar banho e seu padrasto entrou no
banheiro, passou a mão pelo seu corpo e ela ficou apavorada
Mais uma criança assediada

"A culpada é a mãe, quem mandou colocar macho dentro de casa?"
João, 12 anos, autista, foi violentado pelo seu professor de história
Valentina, 4 meses, estuprada pelo próprio pai
"Mas onde estava a mãe dessa menina, quem mandou casar com um lixo desse?"
Dona Maria, 60 anos, violentada pelo seu médico
Larissa, 18 anos, saiu para dançar com as amigas
Amanheceu morta e violada

"TAMBÉM, ESTAVA PEDINDO NÉ? DANÇANDO DAQUELE JEITO, E AQUELA ROUPA CURTA"

CHEGA

homem estupra deficiente
estupra bebê
estupra criança
estupra adolescentes
estupra mulher de qualquer idade

talvez o problema não sejam as roupas, as mães e muito menos as mulheres o problema são os HOMENS e a CULTURA do estupro

Parem de nos matar!
Mulher nenhuma merece ter
medo toda vez que sai de casa

Toda vez que vai comprar pão ou tirar o lixo
Eu sou mulher e mereço respeito
Independente da minha roupa

NÃO É NÃO

Eu tô cansada de ouvir que a roupa
dela estava curta demais
Eu tô cansada de ouvir que estava
tarde demais pra ela estar na rua
Eu tô cansada de ouvir que ele estava
sendo convidado
Eu tô cansada!!

NÃO ME VENHA COM SEU ASSÉDIO

Quando eu passar não
venha me "elogiar"
Abaixa o tom se coloca
no seu lugar
Não vou te aplaudir nem
te parabenizar
Sua obrigação é me
respeitar

As mina só quer pegar o ônibus sem ter que ser encoxada
O fato do ônibus estar cheio
Não dá motivo pra ela ser assediada
Calma....
A menos que eu esteja usando um shorts "tipo Anita", claro
É da natureza do homem né ?
Nós mulheres temos que entender
Usamos rosa e somos fruto de uma fraquejada
Isso explica tudo
Caralho, mano

ASSUME QUE VOCÊS ESTÃO ERRADOS

Estamos cansadas!
Cansadas de ouvir "não pode usar roupa curta nem apertada"
Não somos fruto de uma derrocada

Estamos cansadas de suportar o assédio
Caralho, uma criança de 4 anos foi estuprada
Será que foi por causa da fralda?
Entendam que roupa não justifica nada!!!

Aceita que estamos quebrando padrões
Não ouse falar que fui privilegiada
Você não sabe nem da metade
Da caminhada
Eu sigo lutando contra essa maldita sociedade
Que ignora meu não e condena meu sim
Não é só sobre recitar poema

É mostrar pras mina que se eu,
Princesinha do papai machista, me encontrei aqui

Recitando, gritando e empoderando as mulheres foda que temos na nossa cidade
Elas tem MUITA capacidade sim
De gritar e levantar a voz junto comigo
Seguimos lutando pra esse patriarcado infeliz ter um fim.

- PENSAMENTOS
- PRECONCEITO QUE REINA

WANDIN

foto: Renata Armélin

PENSA-MENTOS

Mais um ano se passou e olha eu aqui,
Não me importando com como estou
e sim com como prosseguir.

Seguir na linha agora virei o trem bala,
Perdi o freio no meio da noite e ninguém me para.
Minhas palavras são tão fortes que vc se abala,
Parece um cão assustado qnd a Glock estala.

Estar lá na madrugada em meio choros e velas,
No velório do irmãozinho morto na favela.
Ou então daquele outro preso numa cela,
Que quando soube do que houve ficou uma fera.

Será que alguém ainda pensa no futuro?
Será que meu coração ainda é muito duro?
Será q meus pensamentos são de um imaturo?
Sei lá de onde vem essa luz em meio escuro!

Escudo é minha peita minha boca é uma espada,
Seja pro bem ou pro mal está sempre afiada.
Não é vc e nem ninguém q vai interromper minha caminhada,
E se tentar vai ficar caído no meio da estrada.

**ESTRAGAR A MINHA ALMA NÃO
É O QUE PLANEJO,
DESTRUIR MEU CORAÇÃO NÃO
É PRECISO.
MATANÇA E UM MUNDO SUJO
É ISSO QUE VEJO,
ENTÃO OLHO PARA O CÉU
E VEJO PARAÍSO.**

Para isso q sempre ando na humildade,
E a ensinar a serem bons e nunca covardes.
Mesmo q as vezes pareça q seja tarde não ligue pro quanto dói ou pro quanto arde.
Arte eu faço muitas venha e confira,
Tem pra aliviar a dor e despertar a ira.
Engorde com palavras até criar estrias.
Apenas quem é de verdade conhece quem é de mentira.

Nasci mesmo na favela porque a vida é louca,
Com palavras vc me critica e com atitudes eu calo sua boca.

Já fui católico, evangélico, ateu mas ultimamente
tenho vivido de farra.
Ter fé é acreditar que mesmo diante de tudo
Deus nunca nos desampara.

Eu vi um menino na beira da estrada cantando demais,
Percebi que temos um dom mas nossas histórias não são iguais.

E você briga com sua mãe que
quase sempre chora quando tá
sozinha,
Mas dê valor a ela meu
bom porque com 13 anos nem
família mais eu tinha.

Não sou filhinho de papai,
O que tú tá vendo é só um favelado provando que nem sempre
sozinho se cai.
Se está dentro então sai e se está preso se solte
Pra derrotar esse preto aqui
vai precisar de muito mais que um nocaute.

Mesmo diante de tantos preconceitos me mantenho com o braço forte.
Tá mais que na hora de calarem a boca e ouvir eu gritar: "Independência ou morte".
Dessa vez não é pra uma colônia que se achava o paraíso,
E sim pra calar esses racista que acha que tudo o que fala é bonito.

Acham que isso aqui é jardim do Éden?
Aah sai, idealização nacional é o krai
Essa porta é a Babilônia e n um paraíso criado por Deus "o pai".

Não se iluda com a paisagem nem com o caminho,

SAIBA Q TODAS AS ROSAS SÃO BELAS PORÉM TODAS ELAS CONTÉM ESPINHOS!!

PRE-
CONCEITO
QUE REINA

Visto minha peita
Ninguém parou pra pensar
que Deus possa ser uma
mulher negra?

Passaram 2, 3 anos e dá sempre errado
Surdo morre tentando ouvir a voz do necessitado
Desde menor que eu me camuflo do Estado
Que me vê e quer me dar enquadro
Me forjar? Já estão acostumados
É o fardo carregado na parte que diz que os humilhados serão exaltados

Tristeza bate
Invade o coração covarde
Que até com grade
É grande a vontade de saber o que é ser livre de verdade.

A vida me abriu feridas
Lá se foram vidas queridas
Foram noites mal dormidas
Usando letras como saída
Foram mil letras ao invés de mil lágrimas perdidas
Foram mil quedas ao invés de nenhum sucesso na vida
Sem afago me afogo
Em minha volta só há fogo
Ano passado eu morri mas esse ano eu não morro.

**TÔ NO PIQUE WOLVERINE
A BATALHA ESPREITA
MIL CAIRÃO AO MEU LADO
E DEZ MIL A MINHA DIREITA.**

Tinha largado minha quimera
Virei Nelson Mandela
Solitário numa cela na maldade
Pros racistas, desde já de mim apartheid.
Sempre vivi no meio de uma guerra
Ao invés de ver TV vendia droga no "quartera"
Meus sentimentos de ódio no quarto era
Ao invés de usar gilete fiz dos meus versos uma motosserra
Espera, espera
Vivemos em meio a feras, fome, dor, sofrimento, egoísmo, esmola...
Espera travei na conta, só aprendi contar até 6 na escola.

Enquanto minha mãe morria de cólica
Meu coroa de bebida alcoólica
Meu irmão cheirava cola
Eu saía pra jogar bola.

Descalço na cidade de aço
Onde quem tinha grana vinha por cima e o resto sofria o amasso

De sol a sol
Cama de pau
Sem ao menos um lençol
De carnaval a carnaval
Igual um animal no curral.

Só que aqui não tem boi e nem vaca
Tentar derrubar os poetas é dar soco em ponta de faca
Acho melhor fechar a matraca
A bala não é de festim e sim de prata
Mata meta-humano e qualquer outro ser de alma opaca, saca?!

Fechei meu corpo abri minha
mente falou que ele é o messias
mano cê mente.
Ele é uma serpente e
eu a semente
Acha feio falar
palavrão eu digo:
inconstitucionalissimamente

Indiferente injusta essa gente que se prende mas não sabe o real
estridente das correntes ao redor da minha mente.
Raça de víboras quem vos mandou sair da era vindoura?
São raça de víboras acabou o machismo onde o homem usa uma
pa e a mulher uma vassoura.
Vocês foram na Amazônia e gritou salve-se quem puder
O fogo se alastrou então salve-se se puder
Eu vim da terra do Congo
Onde é o meio-dia bate o gongo
E onde se trafica para ter o rango
Ou então vai para o campo para se esquecer o ronco.

Vocês querem a verdade tá aí a verdade nua e crua
Você: mãe tô precisando de um Air Max!!
Pergunta o que é um Air Max para um morador de rua.

Você não sabe jogar bete porque hoje em dia é brincadeira jogar bola,
Você é da geração Nutella que vê pokemon mas nunca ouviu falar de piu-piu e Frajola.

**RABISQUEI ADEUS RACISMO NO MURO DA ESCOLA
OS CANA PASSOU ESTÃO DOIDO NA MINHA COLA, ORA.**

Temos tudo o que precisamos, a quadra, a chuteira, a torcida e a bola. Temos tudo o que precisamos, papel, caneta e uma vida inteira para botar pra fora.

Pjl DJ Renan e para o meu mano batô que tá preso até hoje.
Vocês ri pro celular da maçã igual uns retardados fazendo pose.
Pra vocês é assim se for da família desmaia mas se não for taca o

FODA-SE?

O mundo gira e tú fica parado se quer resultados então mova - se.
Lá se foi Vinicin, Mariele e Evaldo e nós fomos testemunhas.
Vamos ver quem vai ser o próximo que o coveiro vai trabalhar abrindo a cova com as unhas

De tanto que a pá desgasta
Tem uma pá de desgraça
achando graça desses panaca
meus amigos de infância estão
todos na jaula todos acusado
de ser ladrão

E se for ver são todos negros mas orgulhoso quando Djonga usou de título do CD a sua acusação.
Meu coração palpita,
enquanto meus mano pita um
policial apita
e um negro sumia zuum

só ouço vozes e gemidos
elas chegaram em meus ouvidos
e como os zumbidos Palma resta só a morte como castigo
mais uma lágrima se foi
mais um negro se foi
mais um tiro se foi
que matou mais um negro que lá se foi
e não dormimos, não vivemos, só vagamos por aí porque quem
amavamos também se foi
mais um negro se foi
e a morte não abaixou a foice
e o que nos resta não será o Ice
e sim o lápis
que me mantém no ápice

AH PSIU,
SÓ MAIS UMA COISA VIL
SÓ FICAREMOS SOSSEGADOS
QUANDO BARACK FOR
PRESIDENTE DO BRASIL.

- CHEIRO DE MORTE
- NÃO PARE

JOÃO PEDRO

foto: Sergio Silva

CHEIRO DE MORTE

cheiro de morte, sangue
nos becos e vcs sabem
quem passou aqui!

hj eu tô com sorte, me livrei de mais uma, aqueles caras queriam me levar daqui
tenho medo, tá tudo escuro, tem buracos de tiros em vários muros
me arrepio ouço os barulhos, cachorros latindo parecem até um aviso
"chegaram os mata rindo"

corrida pra lá, corrida pra cá e quem me dera fosse fórmula 1
tiro pra lá, tiro pra cá e lá e na minha favela se foi mais um,
ou menos um, o que importa?
num é você que vai receber o corpo do seu filho furado de bala em sua porta
num é você que vai chorar sem saber o motivo de ter mais uma criança morta

quantos pretos e favelados numa faculdade de Medicina? preto médico?
é mais fácil nos ver mortos, sangrando e isso já virou rotina.
eles dizem que não existe preconceito

quantos pretos advogados e juízes? é mais fácil nos ver preso, com
passagem e impedidos de ser livres
e eles dizem que não existe preconceito!

quantos pretos presidentes e deputados? é
mais fácil nos ver sepultado,
humilhado, esculachado, eles dizem que
não existe preconceito

será que é pecado ser preto? ou eles nos invejam porque o melhor jogador da história é preto, o melhor jogador de basquete é preto! o melhor pugilista é preto! não é pecado, eles nos temem porque a força vem da favela e não do asfalto

não temos respeito! policial nos enquadra
é tapa na cara e soco no peito

- MAIS CALMA MEU SENHOR SOU CIDADÃO E TENHO MEUS DIREITOS

- cala a boca, seu merda! e
ganhou outro tapa no peito.
- deita no chão!

e eu me deito!

- como ousa falar de direito cmg sujeito? sou autoridade o que eu fizer aqui tá feito

- MAS...

- já basta! tu tem sorte de sair vivo, tinha que estar satisfeito.

e eu não aceito!

ver meus irmãos mortos enquanto vcs vivem do seu jeito

eu não aceito!

enquantos somos pobres bandidos e ladrões, cês são ricos, felizes e perfeitos

EU NÃO ACEITO!

ver um favelado gari e o burguês prefeito

EU QUERO RESPEITO!

sair na rua e não ser enquadrado e ser confundido com um cara
suspeito

só por ter o cabelo grande e me vestir do mesmo jeito

ou por morar no mesmo lugar mas não me diz respeito

mas tenho esperança, ainda vou entrar numa loja e não ser seguido
por um segurança

ainda verei meus irmãos empregados sem
ter que tirar os dreads e a trança
vou ver um favelado no lugar onde
ele nasceu pra estar e esse lugar é a
liderança.

várias chicotadas eu senti na minha pele
todo seu ódio e rancor eu senti na minha pele
todo seu orgulho e ego eu senti na minha pele
você me escravizou pelo tom da minha pele
me tratou mal simplesmente pela cor da minha pele
me torturou pela cor da minha pele
e hoje eu sou resistência, para que não se repita o que aconteceu
com Marcos e Marielle.

NÃO PARE

ele era negro, andava
negro, vestia negro, era
negro negro negro

era assim que me descrevia, uma criança que com todas as dificuldades
sorria e sorria
e só ia, ia pra escola, ia pro treino, só ia
se esquivando e se dedicando a ser melhor a cada dia

mas de nada eu sabia, tudo sentia
sou desrespeitado por causa da minha
etnia,
que covardia!
essa curta palavra era comum em meus
dias.

no primeiro round vinha apanhando, a vida bate pesado Brown,
e eu me esquivando
mas a vida é cruel e a situação só piorando
vendo meus irmãos se envolvendo e meus amigos morrendo,
isso só ia me desanimando

“não pare”

aprendendo a cada *jab* encaixado em meu rosto
o sangue escorrendo e eu já sentia o gosto
vendo tudo em minha volta desmoronando e com o peso nas costas de
fazer diferente mas só pensava o oposto

NÃO PARE!

pensando em desistir, quase jogando a toalha
mas não esqueci da minha mãe que tá lá solteira criando eu e meus
irmãos todo dia na batalha
tendo que aturar um patrão escroto sofrendo assédio enquanto
trabalha,
e matar um leão por dia, e ainda por cima derrubar uma muralha
muralha de dívidas, de problemas e ainda ser afrontada onde mora,
vocês sabem mãe solteira é o que? a fofoca se espalha.

levantei a cabeça

mas entra um direto, tão pesado quanto a morte da minha vó
eu só queria uma luz, mas aqui só tem armas, pó crack maconha e loló,
ou coisa pior

a vida não tem dó.

com 17 anos vendo o mundo virado contra mim como pensar em ser melhor?
vendo essa desigualdade e esse preconceito e sabem, meus privilégios são menor

aliás, não tenho privilégio, tem a opressão, a indisposição, sentimento de culpa e vontade de se jogar de cima de um prédio

plim plim plim salvo pelo gongo!

no segundo round descobri outra coisa além de meus traços longos
levo a esperança de meus ancestrais desde o quilombo
abençoado e escolhido pra representar os que foram mortos no Cais do Valongo

vocês criaram um monstro viu?

QUEM ACHOU QUE EU IA DESISTIR

caiu

e vou pra cima, com *jab* e direto, nada me abala encontrei o caminho certo
a Vitória não é somente um objeto, agora se tornou algo concreto!

entendi que meu povo continua escravo
e que o governo rouba de nós cada centavo
não posso ficar sentado
pus a luva e o protetor pra mostrar a eles o cão bravo

e agora quem manda? nunca fomos independentes
Brasil, levanta e anda

intolerância, ignorância batendo às cegas
o que adianta falar muito se não é o que tu pregas
nós se fudendo e o Estado rindo como se fizéssemos cócegas
e não sei mais o quanto aguenta se esquivar desses caras que só querem nos levar pra trás
o pátria amada onde estarás, nós não fugimos da luta isso tu verás
e é desde Pero Vaz que cês nos trata como animas

por isso eu tô lutando
e me esforçando
me dedicando e me superando

a referência é o boxe porque é o que me faz sorrir
ainda verei meu povo livre e feliz como foi Muhammad Ali.

. NÃO, ME DÊ TEMPO!
. PROTÓTIPO

foto: Rê Lima

NÃO, ME DÊ TEMPO!

NÃO, ME DÊ TEMPO!

Não.
Eu preciso de tempo.
Relevo instantes.
Não precisa me lembrar
que morreram na minha quebrada
ano passado.

Eu ainda vejo semblantes,
Quando passo na avenida,
Os olhos de quem pergunta
"Como superar a morte de quem você deu a vida?"
De uma mãe que chora mesmo sem lágrima,
E quantos de nós choramos assim?
Escolher quem te mata ou quem te envenena isso nunca fez tanto sentido pra mim.

Não...
Não me lembre que morreram na minha quebrada mês passado.
Eu prometi pra mim que não pensaria mais em morte e faz quase dois meses que eu não saio.
Os abusos sofridos por quem usa terno não apaga,

Ou paga,
Pela eleição ou voto comprado de quem estraga...
A população que vende o voto sabendo não pesa em nada,
Não é culpada.
Cuidado!
Pra qual ideia você tem batido palma?

A vida depende do tempo,
O tempo depende da alma,
Quanto falta?
E a exatidão que o mundo traz me deixa confusa,
Porque
Eu não tive aula,
De física...
O ensino médio inteiro.
Eu queria que essa fosse só mais uma frase pra caber na poesia,
Mas não é.

São fatos,
É o verdadeiro
Isso quando não tentam
me convencer de que meus
antepassados não chegaram
primeiro.

Quando me olham
Apontam que a minha geração tá perdida...
Ainda bem,
As achadas não deram muito certo.
Que abaixa a cabeça pra quem insultava.

Não luta comigo?
Então prepara...
Muito vinagre
Pra jogar no seu feijão cheio de bicho.
Nunca validaram o que a gente pensa,
Isso dá carta branca pra que boys tratem a gente como lixo.

Não,
Não me lembre que morreram na minha quebrada semana passada,
Dessa vez,
Era da minha família.
Uma semana de luto
A seriedade sorria
E só olhava pro lucro,
Prometi que não mais sairia.
Em tempos sem pão o que sobra é pânico,

Pensa.

O que seria de nós sem senso panorâmico.

Crença,

É o que transforma mitos em santos
de mantra em mantra percebi que não acredito tanto em...
Quem põe uma bíblia debaixo do braço,
Prega o ódio e se chama de homem de bem.

Viva,

Falar pra viver é bem fácil,
Difícil é manter a própria vida.

**MAS NÃO,
NÃO ME LEMBRE QUE ONTEM À NOITE QUANDO ANDAVA PELA MINHA QUEBRADA,
FUI PARADA,
E MEU TEMPO TAMBÉM ACABOU.**

PROTÓTIPO

O Brasil é um protótipo.
País das diversidades,
Diversas falhas sociais
de versos que não foram
lidos,
Por pessoas que não
tinham voz e isso faz
sentido.

Aqui,
Você tem a chance de todo dia conhecer seu cantor favorito... no metrô,
É onde eles jogam sonhos
normalmente.
É confuso no começo, tanto quanto fingir ser pró vida sendo pró
nascimento.

É O POLO ECONÔMICO, OU MELHOR PRATO CHEIO PRA GOLPISTA.

Nesse mesmo onde os condomínios tem a cor verde e amarela
da camiseta que bate panela e esquece o que acontece 10 km
dali,

MAIS UM SONHO SE ACABA.

Se o assunto é vida perdida,
Vale bem menos quem deu o cheque.
Progresso?

NÃO, AQUI ISSO NÃO ACONTECE.

`Esse é o outro lado da ponte,`
E quando digo isso não me refiro ao lago dos cisnes.
Onde você vê se declarando aviãozinho só quem tem dinheiro pra um avião pra Disney.

`E desse lado,`
Fazem parecer que é bandersnatch,
Onde sabemos do objetivo e mesmo assim aceitamos menos que 5 estrelas.

Se a gente não é ninguém nem
pra nois
imagina pra quem vê de fora.

Aos olhos deles todo nós falamos espanhol,
Nossa cultura é a festa de los muertos.
De fato,
Matam a única oportunidade da nossa esperança.
Por que eles não lançam discurso meritocrático pras crianças?
Explica pro menó que vai pra escola pela merenda
que ele é igualzinho o que leva lancheira todo dia.

MAS BEM-VINDOS!

Onde fatalidade perdeu o significado,
A vítima é acusada por assassinato,
E justiça divina vem pra todos,

Exceto a quem tem foro
privilegiado.

Nem por dinheiro escolheria esse lado.
Também temos sonhos e alcançar é raro.
Porque esse é o campo onde eles testam o remédio e depois
vendem mais caro.

MAS MESMO ASSIM, SEJAM BEM-VINDOS!

Porque o protótipo teria
dado certo se não tivessem
encostado a caravela e
tentado descobrir o que já
estava descoberto.

COLEÇÃO SLAM

- ERROS
- EU NÃO QUERIA

MARINA VALENARI

foto: Renata Armelin

ERROS

Meu, tá tudo errado, eu já cansei de escrever
falar situações que quase todo mundo vê
eu grito, grito e grito,
tentando abafar a TV
só que todos estão
entretidos, deixando se
abater

PROFESSOR CANSADO DE LUTAR SOZINHO

para acabar com essa confusão que só tá indo e vindo
a cada dia que passa, eles sentem que estão caindo.
já que o resto da população não está colaborando.

Meu tá tudo errado, eu já cansei de escrever,
falar situações que quase todo mundo vê
eu choro e choro,

TEM UM RIO DE LÁGRIMAS
AQUI DO MEU LADO,

Por toda essa luta braba que tem rolado

hoje eu me assustei com a inocência

da maioria dos meus colegas

tudo isso porque estão ocupados demais

Para colocar a mão na consciência

não percebem que a vossa excelência

NÃO ESTÁ NEM AÍ COM AS NOSSAS DIFERENÇAS

só quer saber de mais um imóvel

Sem se importar com nossas exigências.

meu tá tudo errado, eu já cansei de escrever
falar situações que quase todo mundo vê
no meu celular, palavras eu digito
Para mais uma vez ser abafada por um bolsominion
"armas para todos temos que dar"

que tal um emprego pros
moleque trabalhar?

o fone, o papel e a caneta me fecharam do mundo
Abriram minha mente
não me transformaram em mais um ignorante
semi-mudo
porque na hora de falar verdades hipócritas
todo ignorante conhece tudo

E NA BOCA CABE O MUNDO.

Guardo minhas palavras ditas

PARA SEREM,
NO FUTURO, DITADAS

por um outro alguém, mais estudado
meu tá tudo errado, eu já cansei de escrever

Falar situações que quase todo mundo vê
eu só queria poder morar
em algum lugar em que todos tenham decência
de pôr a mão na consciência

E por agora eu
só peço licença
preciso estudar para fazer um
poema

SOBRE A NOVA "PREVIDÊNCIA"

COLEÇÃO SLAM

EU NÃO QUERIA

Eu não queria ter acordado,
levantado, colocado meu sapato.
Esse dia eu não queria ter enfrentado.
Eu não queria ter dormido,

Seus gritos ainda estão
nos meus ouvidos,

você ficou tão brava.
Eu não queria ter nascido,
sei que trouxe sorrisos,

**MAS AGORA SINTO QUE
SÃO SÓ DECEPÇÕES.**

Eu não queria,
eu juro que não queria.
Eu não queria ter acordado,

Já que tá tudo errado,
meu corpo eu não tenho
controlado,
Minhas pernas estão no
automático,
andando por si sós.

Em certos momentos, de certos dias.
Meu coração vem parado
e quem toma movimento são as lágrimas,
que não chegam sós.

O corpo treme, chora,
espreme, não entende.

Eu tenho que continuar.
Não importa que seja com a cabeça baixa,
as lágrimas molhadas à mesa,

Mas tá tudo uma beleza,
eu não tenho tantos
problemas assim.

Essas cicatrizes abertas,
não vão se curar com gaze,
Hey, tá tudo bem, é só uma fase.

**EU NÃO QUERIA TER LEVANTADO,
MAS O SANGUE EM MEUS
BRAÇOS,
ME AJUDA A VIVER MAIS.**

Eu não queria,
eu juro que não queria.
Essas vozes que me obrigam,
a dor pede por mais.

**EU NÃO QUERIA TER ME MATADO.
EU JURO QUE NÃO QUERIA,
ESSE É SÓ UM,
DOS MEUS
POSSÍVEIS FINAIS.**

- SE LIGA MOLEQUE
- OS SERES HUMANOS

foto: Renata Armelin

SE LIGA MOLEQUE

Se liga moleque a coisa
tá feia
Vejo meus manos morrendo
na peia
Sangue jorrando
Ódio na veia
Uma mãe chorando
E o pai na cadeia

Não caiu água
Caixa não tá cheia
Durante o enquadro
A perna bombeia
Prendem meu povo
Floresta incendeia
Só querem ajudar
Em tempo de cheia

Enquanto isso a barriga vazia
Segue roncando na vazia do rio
Um vaso vazio esvazia
Vazio é o sorriso
Que nunca existiu

Político só conta mentira
Parece que sempre é primeiro de abril
O sistema alimenta minha ira
E o nosso grito ninguém nunca ouviu

Enquanto meu povo se perde na esquina
Estão nos matando só para ter views
Na quebrada tá sem energia
Na noite passada levaram os fios

MINHA PELE AINDA É REJEITADA SE ACEITAR AINDA É UM DESAFIO NESSE MUNDO DE PORTAS FECHADAS EU ANDO COM EXU PARA ABRIR OS CAMINHOS

As vezes me sinto sozinho
Mas sou um malandro que é cheio de fé
Não miro e acerto sozinho
Na malandragem e na ginga do Zé

Muitos não entendem o que eu estou sentindo
Muitos não sabem como isso é
Mas na vida vi vários caindo
Para hoje eu estar de pé
Muitos estão me aplaudindo
Estar na minha pele nenhum deles quer
Estão no meio de um povo faminto
Mas não aprenderam a dividir a colher

As pessoas ignoram quem você é
Só se importam com o que você tem

Estão gritando

VIDAS NEGRAS IMPORTAM
VIDAS NEGRAS IMPORTAM
VIDAS NEGRAS IMPORTAM
MAS VIDAS NEGRAS IMPORTAM
PRA QUEM?

OS SERES HUMANOS

Os seres humanos se
sentem os donos da
floresta
Tragédia com danos
Um povo profano
Tem caos e abandono e
nem flor resta

Os bicho gritando a mata queimando
Um indígena atingido com tiro na testa
Sua mãe chorando seu corpo enterrando
Enquanto eles querem pôr fim às reservas

OBSERVA!

Todos os danos da globalização
Isso tem que ser debatido nas escolas
As crianças estão crescendo todas sem informação
E não sabem a diferença
Entre a mata, o mato, a fauna e a flora

Enquanto isso todo povo se apavora
O mercado a nossa mata explora

E o ser humano é tão burro que destrói
o futuro com problemas do agora

Enquanto a terra vai sofrendo com efeito estufa
Tem político andando com bolso estufado
Onde nossas matas são levadas pela indústria
E a natureza só tem valor no mercado

ONDE APROPRIAÇÃO SE TORNOU COMUM
MAIS UMA HORA ISSO IRIA ACONTECER ISSO É UM FATO
PINTURA DE INDÍGENA NÃO É FANTASIA
QUERO VER TU PASSAR A DOR QUE ELES TÊM PASSADO

Enquanto eles lutam
pela demarcação
Muitos vivem a margem
da pobreza

Falam que os indígenas são contra o futuro da nação
Só porque querem vender a nossa mãe natureza
Apagaram um grande povo
E acenderam uma memória
De vários gritos históricos
Silenciados pela história
Enquanto um indígena pela vida implora
Sem ter o que comer
E sem ter acesso a escola

QUERO LEVAR POESIA
A TODAS AS TRIBOS
E TAMBÉM À TODAS AS ALDEIAS
QUERO VER ELES DANDO AULA
DE POESIA DENTRO DE UMA
SALA CHEIA
E VOU LUTAR POR ISSO ATÉ
SE CONCRETIZAR
PARA NA PRÓXIMA VEZ
TER UM INDÍGENA
RECITANDO EM MEU LUGAR

. UM SIMPLES PAPEL
. CIDADE VIOLENTA

FRANCIELLY RODRIGUES

foto: Sergio Silva

UM SIMPLES PAPEL

Onde esse mundo
vai parar?
a minha mente já
não aguenta
tantas crueldades
e massacres
sendo considerados
normais perante essa sociedade

O mundo já não é inocente,
é só você olhar,
quanta gente é explorada,
humilhada e massacrada a troco de nada
quer dizer a troco de um simples papel

NESSE NOSSO SÉCULO, UM PAPEL
VALE MAIS
DO QUE UMA VIDA,
e se você for uma vida de
pele retinta,
o simples papel
vale mais ainda.

Nesse jogo da vida, quem tem esse papel
começa lá na frente, enquanto a gente...
a gente é jogado de lado, como se fôssemos lixo,
mas não do reciclado, descartados,
tentam nos deixar calados,

**MAS SEGUIMOS LUTANDO
SEM HESITAR,
PORQUE O POVO PRETO
TEM UM SONHO,
COMO DIZIA
MARTIN LUTHER KING,
UM DIA A IGUALDADE
VAI NOS ALCANÇAR**

Quando escuto isso eu já até imagino,
eu entrando em uma loja
e o vendedor não me perseguindo
ou até eu poder escutar
nossa como seu cabelo tá lindo
mesmo se ele não estiver liso
são tantas coisas que eu imagino

Para alguns isso pode até
parecer bobeira,
mas para mim seria um sonho
realizado
eu e meu povo não sermos
tratados como marginais
desempregados

**E SIM COMO O POVO LUTADOR E
GUERREIRO QUE SOMOS PORQUE
NUNCA DESISTIMOS
OU DEIXAMOS DE LUTAR**

Mesmo quando falam que só servimos
para ser empregado e para faxinar

**LUGAR DE PRETO É
ONDE ELE QUISER**

não só na cadeia ou no cemitério

É por causa desse sistema sem critério
que me tira do sério que eu vou dar um salve na moral
para esses políticos cara de pau

PEROBA NELES!

CIDADE VIOLENTA

É muita violência do
portão pra fora
alguns até se apavora,

MAS A GENTE JÁ VAI BATENDO A MÃO NO PEITO
SEM MEDO

Porque nóiz luta desde cedo
diferente de muitos seguimos batalhando,
sem olhar pra trás
com medo,
mas só quando viramos a esquina
e alguém grita:
encosta mermão é a polícia

Fora isso não temos
medo de nada
porque nóiz chega e estraçalha
e nossa luz nunca apaga

PORQUE NÓIZ É TOPZEIRA,
LÍDER DO CASTELO DE MADEIRA

E não venha me dizer que eu
estou me vitimizando quando
na verdade
eu estou mostrando a nossa
realidade
em um mundo covarde
que se cala mesmo vendo tanta
desigualdade

Desigualdade que mata e maltrata
as minorias que nunca são exaltadas
só caladas, que só são deixadas de lado
com apenas migalhas em seu prato

Eu assim como muitos não deveria implorar por ajuda,
porque já deveria ter ficado claro
em pleno século vinte e um
que o neguinho que morre no morro não é só mais um...

MAIS UM
MAIS DOIS
MAIS TRÊS

quantos corpos largados no chão são necessários
quanto sangue vai ser derramado

QUANTAS MORTES?...

Quantas mortes
são necessárias até
enxergarem a gente
como seres humanos
e não só como a escória
que a sociedade só joga fora?

. O MELHOR TIO QUE EU PUDE TER
. TUDO COMEÇA NUMA CAMINHADA

HEITOR ALEXANDRE

foto: João Cayres

O MELHOR TIO QUE EU PUDE TER

Oi tio Douglas, tudo bem por aí?
Aqui não é como no seu refrão:
"Leva a vida só luxando"
É difícil saber que você não está aqui

Mas hoje sou poeta
Acho que você deve ter orgulho de mim

Acho que você deve me entender
Eu nunca quis que a morte
arrancasse de mim você

VOCÊ NUNCA FOI SÓ
Sempre teve eu, minha tia,
minha mãe e minha vó

Lembro que você quando tava com fome
Sempre ia lá ver primeiro as panela
Lembro que você disse que ia pintar a casa dela

Sempre admirei e admiro você
Você sempre cantando funk
sem ligar pro que as
pessoas iam dizer

DESTEMIDO
OSTENTADOR
UNIDO
GRANDE
LUTADOR
ARTISTA
SIMPÁTICO

Muito obrigado por existir, tio

Estou lidando com sua perda há mais de 1 ano
Se minha mãe e familiares estamos felizes em saber que você tá em um lugar melhor?
Estamos!

EU REALMENTE TE AMAREI E CONTINUO TE AMANDO

Porque você na minha vida sempre será importante
Não importa se aí em cima você é diferente de antes

Só continue sendo quem você é!
Seu abraço era confortante

O objetivo dessa poesia não era ganhar algo nem nada
Era só pra mostrar que você na minha vida é importante!

**ESSA POESIA NÃO
É DE RESISTÊNCIA
É SOBRE COMO EU QUERIA A
RE-EXISTÊNCIA DO MEU TIO.**

TUDO COMEÇA NUMA CA-MINHADA

Um negro estava andando na rua fazendo caminhada
ouvindo a improvisação
Um branco saiu da loja e sacou o oitão

POLÍCIA ATIROU, PÁ!

E o negro baleado
no chão

Quando que a polícia vai ver
que coloca nossa vida em risco?
Por que eles acham que nós
somos o perigo?
E com nossas críticas é melhor
que se acostumem!
Que mulher nunca terá que ser
submissa ao homem

Educação: anulada
Minha rima é falada
o poema é falado
Querem deixar os mano e as mina
calado

Ministra dos Direitos Humanos eu vou explicar pra você
Menino veste azul e menina veste rosa, quê?
Pera ae, pode me dar uma bicuda que eu continuo de pé
E que eu saiba menino e menina vestem o que quiser

MAS E OS 80 TIROS?
E OS 80 TIROS?
E OS 80 TIROS?
DE UM BOSTA ARMADO
ATÉ OS DENTE
MILITAR, DEFENDIDO PELO
SEU PRESIDENTE

E quem diria
Que enquanto eu recito essa poesia
O seu presidente, tá no avião com 39 kg de cocaína

Isso aqui é brasil
Não é lenda
Tem gente ganhando 50 mil
por mês
Enquanto tem outros sem
nem ter renda
Por que eles fazem isso?
Tem razão?
Acho que não

Investe em presídio e tira 30% da verba da educação
Eles não têm empatia
E nem amor
Julgam pela cor
Olho pra esquerda vejo afeto respeito e carinho
Olho pra direita
vejo militarismo
Cês tão vendo como tá terra?

PORQUE EU OLHO PRO FUTURO
VEJO MEU PAÍS EM GUERRA!

. EU SOU
. DESCULPA DANDARA

foto: Darlene Carvalho

EU SOU

Eu sou o fruto da raiz
que tu tentou quebrar,
eu sou o grito da mãe
preta que tu
tentou calar,
eu sou o cabelo crespo que tu
tentou alisar,
eu sou a bomba que você tava
tentando não soltar,
eu sou o tiro que cê
fez tentar parar
nos neguin da favela,

mas eu cheguei e daqui ninguém vai me tirar.
Pode espernear, chorar,
clamar a seja lá pra quem
com medo da preta aqui tomar seu lugar,
mas eu fico é feliz
em ver que a luta de quem veio primeiro
tá me fazendo voar,

Você pode até esquecer,
mas eu sempre vou me lembrar

que na hora de me escravizar
tu foi o primeiro a me colocar na caravela,
cê pode até falar que o passado já passou
e a culpa não foi sua
que nas costas mainha apanhou,

MAS VOCÊ CONTINUA ME ESCRAVIZANDO E NEM NOTOU,

eu vim aqui te dar uns exemplos pra você não ir direto pro inferno e falar pra Deus que ninguém te avisou,
lembra quando você escondeu a bolsa de mim?
Lembra de quando você atravessou a calçada?
Lembra quando você falou que eu era quente e queria me comer na calada?
Lembra quando você me espancou me chamando de macaca,
me viu chorando e a única coisa que você fazia era rir?
Lembra os 80 tiros que você deu na minha família e disse na minha cara que eu não podia fazer nada?

**POIS É,
TODAS,
TODAS ESSAS VEZES
VOCÊ ME ESCRAVIZOU,
ME PISOU E ME MATOU.**

No grande dia não adianta
pedir socorro pra Deus,

Porque ele veio em Terra preto,
e você o sufocou.
Eu sou a sua vizinha que apanha do marido todo dia e você não faz nada pra ajudar,
eu sou o choro guardado da sua esposa que você trai todos os dias e ainda jura amar,

eu sou o sangue do corte que
você fez antes de me matar,
eu sou o SOCORRO,

grito guardado seguido de quando eu pedi pra parar,

eu sou a mulher que não aguenta mais ver a taxa de feminicídio
aumentando todo dia,

EU SOU A BOMBA QUE VOCÊ TÁ TENTANDO NÃO SOLTAR.

Lugar de mulher é na cozinha,
e eu amo essa colocação,
é que você é tão incrível
mas não tem condições de
levantar do sofá
e botar um ovo no seu pão?

SEI LÁ, MAS PARECE QUE DEUS CRIOU O HOMEM EM VÃO.

Veio com um buquê de rosas de manhã
porque na luz da lua tu me mostrou sua covardia,
me chamou de vadia e me espancou,
me espancou tanto que já se passaram uns 3 dias
e o sangue ainda não estancou,
chegou domingo,

"passa uma maquiagem amor",
é, cê tá com medo dos irmão perceber?
É que alguém já percebeu,
e sua oração já foi perdida,
se você fosse crente mesmo você já saberia:
"honrais tua mulher para que sua oração não seja impedida"
tá na bíblia,

mas vai,
mete com mais força até se eu pedir pra parar,
me impeça de sair até se eu implorar,
me impeça de falar mais um pouco,
mas para de ajoelhar pedindo
um carro pra Deus,
porque ele veio em Terra
mulher,
mas você não fez nada
diferente do que o matar.

Eu queria parar de resistir tanto e queria existir
mais,
eu queria parar de pedir socorro,
eu queria parar de pedir pra vocês pararem de
nos matar,

EU SOU A BOMBA QUE VOCÊ TENTOU NÃO SOLTAR, MAS EXPLODIU,

pode espernear chorar e clamar pra viver,
mas a partir de agora a reação vai ser consequência da ação,

você não entendeu?
Tu me botou pra baixo por muito tempo,
e eu aprendi com você,

Tawane já disse que amor gera amor,
e ser preconceituoso gera voadora,
e depois de ter botado minha cara a tapa e passado pra você a visão,
eu espero que você tenha entendido a relação

COLEÇÃO SLAM

DESCULPA DANDARA

*"A carne mais barata do
mercado é a carne negra,
a carne mais barata do
mercado é a
carne negra"*

LEVANTA PRETA

corre!
Tem que sair 8 horas e são 5,
mas corre que se não atrasa,
tem que retocar a chapinha...
Amor você é como sol,
inicia o meu dia mas,
queima minha pele...
Dandara me desculpa,
mas nenhuma culpa eu tinha,
é que toda vez de passar a progressiva eu ouvia
"agora sim flor, tá linda, arrasa!"

Me desculpa Zumbi,

eu não resisti, eu corri,

MAS EU TIVE QUE CORRER
PRA NÃO MORRER.

A carne mais barata do mercado
é a carne negra,
A carne mais barata do mercado
é a carne negra.

O engraçado é que eu nunca pedi pra ser vendida,
mas todos os dias de graça a favela é rendida,
eu cansei de vir dar aula de história em poesia,
eu quero na real que você me mostre resultados de meritocracia...
Aah mas pra você é fácil,
enquanto seu pai te dava hot wheels,
neguin fazia papelão de carrinho,
você pisava e ainda ria?
É que você não sente na pele,
você não sente na pele...

**VOCÊ
NÃO
SENTE
NA
PELE!**

Pegue sua vida fácil e generalize como você prefere,
pegue seus privilégios e encastele,
eu quero que você saia da sua bolha e venha aqui,
não,
eu não quero sua bolsa,

só quero te mostrar que
talvez da ponte pra cá a
vista não seja
tão bela assim.

E se você quiser continuar com essa ideia chula
de que preto é menos
eu vim deixar o recado,
de palavra o nosso bonde tá engatilhado
não atrapalha o nosso lado,
e não vem pagar de Wakanda porque não é brincadeira,
o rei se foi mas a gente continua aqui pra representar,

**E NEM ADIANTA VIR CHORAR PRO MEU LADO
PORQUE A LUTA ACABOU DE COMEÇAR.**

BIOGR

LUCAS KOKA

Lucas Prata Penteado conhecido como Koka, um militante das jornadas de junho de 2013 e das ocupações das escolas públicas em 2015/2016. Ex-diretor da UMES-SP e da UPES. Finalista do SLAM SP e SLAM BR de 2019. Ex-BBB 2021 da Rede Globo de Televisão, foi apresentador do programa NBA FREESTYLE na Band TV, natural de SP, filho da Dona Andreia, criado no bairro do Bexiga.

ÍCARO RENAULT

Ícaro Renault, poeta de Juiz de Fora, teve sua primeira poesia publicada em 2017 na Antologia Poética da Editar. Em 2018 foi campeão do Slam Interescolar de Minas Gerais e, logo a seguir, do Slam Interescolar Nacional. Lançou, em 2019, o Livro Sonho e Luta. É membro da LEIA (Liga dos Escritores Ilustradores e Autores de Juiz de Fora) e um dos organizadores do Mais 1 Slam.

THALITA FREITAS

Poeta, produtora cultural, designer e artista visual da zona leste de São Paulo. Teve o primeiro contato com a poesia falada em 2016, mas foi em 2017 que se tornou poeta e slammaster do Slam Tiquatira. Ainda em 2017, participou do Slam Interescolar representando sua escola, a E.E. José Talarico.

JOW NOGUEIRA

Jow Nogueira. Tenho 18 anos. Sou de Guarulhos Zona Norte.

Rapper - Poeta Slammer. Slam casa: Slam do Prego.

Integrante do "O Beco 13" (grupo de Rap) e do grupo artístico "A Voz Da Quebrada".

Vice-Campeão do Slam Interescolar SP – 2018

Vice-Campeão do Slam Interescolar Nacional 2019.

DARLA MONIQUE

Me chamo Darla Monique, tenho 17 anos, sou canceriana, poeta e "arteira" desde pequena. A arte vem de encontro ao meu interior nas intensidades do desenho, música e claramente na poesia. Sempre senti conexões da natureza com meus versos que, consequentemente, me levam a métricas tortas.

SARAH MORAIS

Sarah Morais Iani é paulista da capital, tem 15 anos e mora em São Mateus. Estudou na EMEF Profº Rivadávia Marques JR e conheceu a beleza da poesia e a força do Slam para poder falar sobre o que a mulher sofre por causa da cultura machista de nosso mundo. Sonha em ser independente, mas não faz a mínima ideia do que vai fazer profissionalmente e isso a deixa meio assustada.

WANDIN

Sou conhecido como Wandin, tenho 17 anos, sou da cidade de Juiz de Fora, Minas Gerais, e devido a perdas, injustiça e de ter um olhar de todos como mais um na estatística, me empenho nos meus objetivos e penso sempre em criar, e fazer de cada momento único, intenso e bom. Escrevo poesias, faço projetos junto aos meus aliados e meu objetivo é semear cultura e fazer com que isso seja acessível a todos...

NICOLE AMARAL

Nicole Amaral tem 17 anos, nasceu e vive na Vila Matilde, Zona Leste de São Paulo. Com 14 anos conheceu a poesia marginal por meio do Slam Interescolar, e dali passou a escrever sem a intenção de parar. Durante a pandemia teve a oportunidade de participar de Slams em todos os cantos do Brasil e investir no projeto "Resquícios da Quarentena", que consiste em poesias escritas no período de pandemia.

JOÃO PEDRO

Meu nome é João Pedro, tenho 19 anos. Moro no Rio de Janeiro, bairro da Tijuca, comunidade da Formiga. Gosto de boxe, poesia, Hip-Hop, gosto da arte em si. A poesia foi como um milagre na minha vida. Me libertou. Me ajudou, me fez conhecer novos ares, novas energias e novas pessoas. Venci o Slam Intercolegial da FLUP RJ em 2018.

MARINA VALENARI

Meu nome é Marina, mas quase nunca me chamam desse jeito, prefiro que me chamem de Blue. Tenho 15 anos, nasci e fui criada pela minha avó na zona leste de São Paulo. Escrevo desde os 12 anos graças a influência que o Slam teve na minha escola. Fui campeã do IV Slam Interescolar SP – categoria Fundamental II.

MATHEUS MB BRITTO

Artista, Poeta, MC, modelo, roteirista, ator, técnico em audiovisual. Campeão do Slam Nacional em Dupla - Etapa Norte. Bicampeão Slam Acre. Semifinalista do Slam BR 18. Participante do Slam BR 19.

HEITOR ALEXANDRE

Olá, meu nome é Heitor Alexandre, eu tenho doze anos, sou estudante, morador da periferia na zona sul de São Paulo, Jd. Ângela. Eu gosto de ler quadrinhos, brincar na rua, eu entrei na poesia ao ver pessoas recitando em um sarau e isso desencadeou em mim uma vontade de também escrever.

FRANCIELLY RODRIGUES

Na escola não me sentia ninguém, pois desconhecia pessoas com realidades cotidianas como a minha. Vi na poesia a porta para dizer como o povo da periferia se sente, a falta de oportunidades e a discriminação sobre nosso modo de ver, ser, se vestir ou nossa cor. Me senti honrada em representar a zona norte, a escola pública e o Jardim Peri, e me consagrar campeã do V Slam Interescolar SP – categoria Fundamental II.

EVE

Escritora preta, nascida na zona leste de São Paulo, se reconheceu após ter o primeiro contato com a poesia marginal e vem despindo fragmentos do seu autoconhecimento até os dias atuais através da sua arte. Publicou seu primeiro livro intitulado "Trancada me refiz poeta" em momentos conturbados onde se reconfortou se reencontrando com ela mesma.

.NÃO ME VENHA COM SEU ASSÉDIO .ERROS .SONHO E LUTA .O MELHOR TIO QUE EU PUDE TER .DESCULPA DANDARA .AMA- ZONAS .UM SIMPLES PAPEL .PROTÓTIPO .PRECONCEITO QUE REINA .OS SERES HUMANOS .EXÚ NAS ESCOLAS .TIC TAC .TUDO COMEÇA NUMA CAMINHADA .CHEIRO DE MORTE .NÃO, ME DÊ TEMPO! .DE LÁ PRA CÁ .PASSO A PASSO .SE LIGA MOLEQUE .MANIPULAÇÃO .CIDADE VIOLENTA .CULTURA DO ESTUPRO .A POESIA .EU NÃO QUERIA .NA FALTA DE TINTA .PENSAMENTOS .NÃO PARE .EU NÃO QUERIA